T0397902

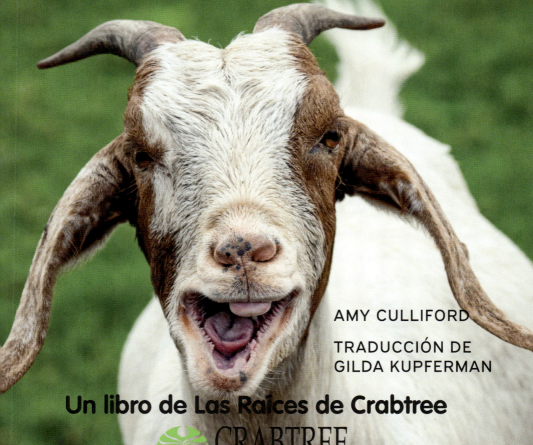

¿Qué animal tiene estas partes?

LOS CUERNOS

AMY CULLIFORD

TRADUCCIÓN DE
GILDA KUPFERMAN

Un libro de Las Raíces de Crabtree

CRABTREE
Publishing Company
www.crabtreebooks.com

Apoyos de la escuela a los hogares para cuidadores y maestros

Este libro ayuda a los niños en su desarrollo al permitirles practicar la lectura. Abajo están algunas preguntas guía para ayudar al lector a fortalecer sus habilidades de comprensión. En rojo hay algunas opciones de respuesta.

Antes de leer:

• ¿De qué pienso que trata este libro?
  • *Pienso que este libro es sobre los cuernos.*
  • *Pienso que este libro es sobre los animales que tienen cuernos.*
• ¿Qué quiero aprender sobre este tema?
  • *Quiero aprender la diferencia entre los cuernos.*
  • *Quiero aprender qué animal tiene los cuernos más largos en el mundo.*

Durante la lectura:

• Me pregunto por qué...
  • *Me pregunto por qué los rinocerontes tienen los cuernos más grandes.*
  • *Me pregunto por qué algunos animales tienen cuernos y otros no.*
• ¿Qué he aprendido hasta ahora?
  • *Aprendí que los cuernos pueden ser grandes o pequeños.*
  • *Aprendí que los cuernos pueden ser de formas diferentes.*

Después de leer:

• ¿Qué detalles aprendí de este tema?
  • *Aprendí que las vacas, los rinocerontes, y las cabras tienen cuernos.*
  • *Aprendí que es más comun tener dos cuernos.*
• Lee el libro una vez más y busca las palabras del vocabulario.
  • *Veo la palabra* **cuernos** *en la página 3 y la palabra* **rinoceronte** *en la página 9. Las demás palabras del vocabulario están en la página 14.*

¿Qué **animal** tiene los **cuernos** largos como este?

¡Una **vaca**!

¿Qué animal tiene el cuerno grande como este?

¡Un **rinoceronte**!

¿Qué animal tiene estos pequeños cuernos?

¡Una **cabra**!

13

Lista de palabras
Palabras de uso común

como	largos	tiene
estos(as)	pequeños	un(a)
grande	qué	

Palabras para conocer

animal

cabra

cuernos

rinoceronte

vaca

28 Palabras

¿Qué **animal** tiene los **cuernos** largos como este?

¡Una **vaca**!

¿Qué animal tiene el cuerno grande como este?

¡Un **rinoceronte**!

¿Qué animal tiene estos pequeños cuernos?

¡Una **cabra**!

¿Qué animal tiene estas partes?

LOS CUERNOS

Written by: Amy Culliford
Designed by: Bobbie Houser
Series Development: James Earley
Proofreader: Janine Deschenes
Educational Consultant: Marie Lemke M.Ed.
Translation to Spanish: Gilda Kupferman

Photographs:
Shutterstock: Johan Swanepoel: cover; Independent
    birds: p. 1; Volodymyr Burdiak: p. 3, 7-8, 14; electra:
    p. 4-5, 14; Vaclav Volrab: p. 11; slowmotiongli: p.
    13-14

Library and Archives Canada Cataloguing in Publication

CIP available at Library and Archives Canada

Library of Congress Cataloging-in-Publication Data

CIP available at Library of Congress

Crabtree Publishing Company

www.crabtreebooks.com   1-800-387-7650

Copyright © 2022 **CRABTREE PUBLISHING COMPANY**   Printed in the U.S.A./072022/CG20220201

All rights reserved. No part of this publication may be reproduced, stored in a retrieval system or
be transmitted in any form or by any means, electronic, mechanical, photocopying, recording, or
otherwise, without the prior written permission of Crabtree Publishing Company. In Canada: We
acknowledge the financial support of the Government of Canada through the Canada Book Fund
for our publishing activities.

Published in the United States
Crabtree Publishing
347 Fifth Avenue, Suite 1402-145
New York, NY, 10016

Published in Canada
Crabtree Publishing
616 Welland Ave.
St. Catharines, ON, L2M 5V6